AF306461

Crispin **NIRINA**

JUSQU'AU DERNIER SOUFFLE

Crispin NIRINA

JUSQU'AU DERNIER SOUFFLE

Un Témoignage de Foi et de Résilience

Éditions Croix du Salut

Imprint

Any brand names and product names mentioned in this book are subject to trademark, brand or patent protection and are trademarks or registered trademarks of their respective holders. The use of brand names, product names, common names, trade names, product descriptions etc. even without a particular marking in this work is in no way to be construed to mean that such names may be regarded as unrestricted in respect of trademark and brand protection legislation and could thus be used by anyone.

Cover image: www.ingimage.com

Publisher:
Éditions Croix du Salut
is a trademark of
Dodo Books Indian Ocean Ltd. and OmniScriptum S.R.L publishing group

120 High Road, East Finchley, London, N2 9ED, United Kingdom
Str. Armeneasca 28/1, office 1, Chisinau MD-2012, Republic of Moldova, Europe
Printed at: see last page
ISBN: 978-620-6-17036-5

Copyright © Crispin NIRINA
Copyright © 2024 Dodo Books Indian Ocean Ltd. and OmniScriptum S.R.L publishing group

JUSQU'AU DERNIER SOUFFLE

par Crispin NIRINA

Avertissement

Ce livre a été rédigé à des fins de témoignage uniquement. Tous les efforts ont été faits pour rendre ce livre aussi complet et précis au récit original que possible. Par conséquent, toute personnage et lieu cité dans ce livre ne sont que vraisemblance afin d'éviter l'anonymat d'autrui.

Titre : « **JUSQU'AU DERNIER SOUFFLE** »

Un Témoignage de Foi et de Résilience

Plongez dans l'histoire extraordinaire de 'La Voix de l'Esperance' à travers le livre captivant, "Jusqu'au dernier souffle". Ce témoignage vibrant et inspirant vous emmène au-delà des simples récits de vie, pour vous faire vivre une aventure de foi, de résilience et de transformation spirituelle.

Pourquoi Lire "**Jusqu'au bout du souffle**" ?

Ce livre n'est pas seulement une lecture, c'est une expérience qui touche le cœur et l'âme. "Jusqu'au bout du souffle" vous invite à repenser votre propre cheminement spirituel et à découvrir la puissance de la foi en action. Que vous traversiez des moments difficiles ou que vous cherchiez simplement de l'inspiration, ce témoignage vous offrira réconfort, espoir et une nouvelle perspective de ce que Dieu peut faire sur la vie.

Table des matières

CHAPITRE 1

A la potence

Cela faisait douze minutes que nous étions entrés dans la salle d'exécution du pénitencier d'État de Columbus, dans l'Ohio. Ces minutes ont paru une éternité. Le silence a été rompu par la voix délicate du médecin de la prison, qui, visiblement nerveux, retira son stéthoscope de la poitrine nue de l'homme assis devant lui. Il sortit un papier de sa poche et, d'un ton hésitant, annonça : « Gardien Falace, une décharge suffisante de courant a été administrée à Maxwell pour causer sa mort à 20h 12. »

À seulement 27 ans, Francklin Maxwell avait bel et bien payé sa dette envers la société : sa voix vibrante et sa plume alerte étaient désormais réduites au silence. Néanmoins, j'espérais que l'impact de sa vie transformée perdurerait, car je voyais en elle l'un des exemples les plus frappants de la grâce rédemptrice de Jésus-Christ. Pour moi, la vie de Franck Maxwell, après sa conversion spirituelle, est le symbolisme puissant du changement qui s'opère en un homme lorsqu'il accepte le Sauveur.

Franck n'avait pas connu l'enfance insouciante et pleine de joie que la plupart des garçons vivent. Bien que ses parents l'aient aimé tous deux, ils se séparèrent alors qu'il n'avait que cinq ans. Ces circonstances le poussèrent à être ballotté de membre de la famille en ami de la famille qui offrait de le prendre en charge.

Avant d'atteindre ses treize ans, il avait vécu dans une douzaine de foyers différents. Il semblait que personne ne s'occupait réellement de lui. Il grandit donc avec un sentiment d'inadéquation et un besoin désespéré d'affection. En réalisant ce qu'il avait vécu, certains membres de sa famille regrettèrent plus tard de ne pas avoir compris ses besoins et de ne pas lui avoir offert un foyer stable et des conseils bienveillants.

Mais lorsque ces réalisations arrivèrent, il était déjà trop tard. Dans certains foyers, Franck subit un traitement presque cruel de la part de ceux qui pensaient lui enseigner l'obéissance. Leurs méthodes strictes et dépourvues de compassion ne firent qu'attiser sa rancœur.

Au moment où Franck était adolescent, son père, atteint d'une maladie cardiaque mortelle, lui demanda de venir vivre avec lui. À cette époque, Franck traînait déjà avec une bande de jeunes délinquants et ne rentrait chez lui qu'à des heures tardives. Son père, allongé dans son lit et soucieux de son fils, se demandait où il pouvait bien être. Malgré ses difficultés à se déplacer, il se leva pour faire les cent pas dans la rue, dans l'espoir de voir son enfant. La mort prématurée de son père emporta cette influence positive, et Franck se laissa de nouveau aller, plongeant davantage dans la criminalité.

L'instabilité de l'enfance de Franck et les fréquents changements de domicile affectèrent gravement son éducation. Bien qu'il fût très intelligent, il ne réussit jamais à compléter une année scolaire de manière satisfaisante. Il était toujours promu, même s'il n'avait pas accompli le travail requis. À quatorze ans, sa scolarité prit fin. Son faible niveau d'éducation se manifestait par sa mauvaise orthographe et ses fautes grammaticales. Cependant, en consacrant du temps à l'étude des Écritures, il améliora son orthographe et ses lettres révélèrent une culture et un raffinement qui étaient ceux d'une personne instruite.

On pourrait dire que la vie criminelle de Franck débuta lorsqu'il avait dix ou onze ans, âge auquel il connut ses premiers soucis avec la loi. À l'époque, cet incident sembla sans importance et personne ne s'en préoccupa. Chacun croyait que Franck, en grandissant, s'éloignerait de ses tendances antisociales. Personne ne tenta de lui fournir de meilleures directives. Il ne reçut jamais d'éducation morale et n'entra jamais dans une église de son existence.

Les années passèrent, et au lieu de renoncer à ses mauvaises habitudes, Franck s'enfonçait de plus en plus dans le vol et le crime. Les infractions mineures se transformèrent en délits graves. Ni les punitions ni les peines de prison ne purent le détourner de sa trajectoire fatale. Finalement, il fut condamné pour faux et envoyé au pénitencier de l'État du Missouri. Après cinq ans et demi d'incarcération, il fut libéré mais deux semaines plus tard, il replongea dans le crime. Cette fois, en compagnie d'anciens codétenus, il pensait avoir la ruse nécessaire pour ne pas se faire prendre. Ayant besoin d'argent, il décida de commettre un dernier délit dans sa ville natale, Fremont, avant de s'en aller vers un autre État avec sa petite amie.

À cette époque, il y avait à Fremont un restaurant appelé « La Hutte » qui restait ouvert toute la nuit. Mme Maritz Lemon y travaillait seule, préparant des repas et servant des clients. Âgée de 27 ans et abandonnée par son mari, elle subvenait à ses besoins et à ceux de sa fille grâce à ce travail nocturne.

Dans l'intention de voler la caisse, Franck entra dans le restaurant aux alentours de deux heures du matin. Malheureusement pour lui, il trouva un chauffeur de taxi en train de manger un sandwich à l'intérieur. Avec l'espoir que le chauffeur ne resterait pas longtemps, Franck s'assit et but lentement une tasse de café. S'étant méfié le chauffeur de taxi décida de traîner un peu. Impulsif et à court d'arguments pour rester, Franck sortit. Cependant, sa nervosité avait éveillé les soupçons du chauffeur, qui nota le numéro de la plaque d'immatriculation de la voiture de Franck, ainsi que les couleurs étranges du véhicule : noir avec un toit brun. Le lendemain, le chauffeur de taxi put fournir ces informations à la police, ce qui conduisit à l'arrestation de Franck.

Peu après le départ du chauffeur de taxi, Franck retourna au restaurant. Pointant son pistolet sur

Maritz Lemon, il prit toute l'argent de la caisse. Réalisant qu'en la laissant derrière lui, elle pourrait avertir la police qui le rechercherait, il la força à l'accompagner. Son projet était de l'emmener dans un endroit isolé en dehors de la ville et de l'y abandonner, croyant qu'elle mettrait des heures à rentrer, ce qui lui laisserait le temps de récupérer sa petite amie et de parcourir plusieurs kilomètres avant que la police soit alertée.

Cependant, son plan échoua presque immédiatement. Dans la voiture, la serveuse le stupéfia en l'appelant par son nom, lui révélant qu'elle connaissait très bien sa sœur. Fraîchement sorti de prison, Franck ignorait les amis de sa sœur. Il tenait beaucoup à elle, et Maritz comprit rapidement qu'elle avait touché une corde sensible. Agissant rapidement, Franck lui assura qu'il ne lui arriverait rien si elle promettait de ne jamais parler à sa sœur de son vol. Cependant, Maritz refusa de faire une telle promesse, poursuivant son avantage en lui décrivant comment elle parlerait à sa sœur du « frère pitoyable » qu'elle avait.

Les choses ne se passaient pas comme Franck l'avait prévu. Il ne se doutait pas que cette serveuse le reconnaîtrait, et il n'avait pas envisagé la possibilité qu'elle donnerait son nom à la police ainsi qu'à ceux qui lui importaient le plus au monde.

Enfin, arrivés à un endroit isolé près de l'eau, il ordonna à la serveuse de descendre de voiture. La suite des événements demeure floue. Franck affirma au procès que Maritz tenta de s'emparer de son pistolet, qui avait glissé de sa poche. Craignant qu'elle ne profite de l'occasion pour tirer sur lui, il saisit un cric de voiture et l'abattit sur elle. Son corps, violemment mutilé fut retrouvé le lendemain près de l'eau.

Les habitants de la ville furent choqués et outrés par ce qui semblait être un meurtre brutal et dénué de sens. Lorsque le chauffeur de taxi rapporta ce qu'il avait observé au restaurant, une vaste chasse à l'homme s'organisa pour retrouver Franck Maxwell.

Malgré ses efforts pour brouiller les pistes, personne ne put établir formellement que c'était lui l'auteur du crime. Il avait séjourné quelques jours dans un hôtel à Fremont, et lorsqu'il était rentré la veille, il avait pris soin de saluer le portier pour que celui-ci puisse témoigner plus tard qu'il l'avait vu monter dans sa chambre. Ensuite, il s'était échappé par la fenêtre pour commettre le vol. Après avoir tué Maritz Lemon, il était revenu par la fenêtre, s'était lavé avec soin et avait froissé les draps pour faire croire qu'il avait dormi là toute la nuit. S'échappant à nouveau par la fenêtre, il avait disparu.

Le lendemain, lorsque les autorités arrivèrent à l'hôtel, Franck avait bien sûr disparu. Toutefois, le portier de nuit se souvenait nettement de l'avoir vu monter dans sa chambre la veille et était sûr de ne pas l'avoir vu sortir de toute la nuit. Tout le monde se mit alors à douter de la pertinence de ses suspicions. Aucune trace ne laissait présager où Franck pouvait se trouver.

Après le meurtre de Maritz Lemon, Franck et son ami arrivèrent au Kansas, où Franck se déclara rapidement coupable de vol à main armée pour obtenir de l'argent. Plusieurs semaines plus tard, il fut arrêté. On découvrit alors qu'il était recherché en Ohio pour un meurtre. De retour dans cet État, il fut conduit sur les lieux du crime et il fit une confession.

Au procès, il soutint avoir agi contre son gré. Cependant, après que Jésus-Christ soit entré dans sa vie, il m'avoua qu'il n'avait pas été totalement honnête durant le procès concernant certains faits. Nous n'avons jamais échangé sur les éléments de son témoignage qu'il jugeait erronés, car je n'ai pas jugé nécessaire de l'interroger à ce sujet, et il ne revenait pas sur cette douloureuse expérience lors de nos discussions.

Bien que le jury ait jugé que la situation ne relevait pas de la légitime défense, il hésita à condamner Franck à la peine capitale. Après plusieurs heures de délibération, le jury consulta le juge pour savoir si Franck aurait une chance d'être libéré s'il était condamné à la réclusion à perpétuité. Les jurés semblaient réticents à l'idée de le voir réintégrer la société. Le juge leur répondit qu'ils devaient d'abord décider de sa culpabilité et envisager les raisons pour recommander une grâce. Après une nouvelle période de délibération, le jury rendit un verdict de culpabilité sans aucune raison pour la clémence. Franck fut donc condamné à mort sur la chaise électrique dans le pénitencier de l'État de l'Ohio.

CHAPITRE 2

Franck avant sa conversion

Dès le début de son incarcération à la prison de Fremont pour le meurtre de Maritz Lemon, Franck rédigea une courte autobiographie truffée de l'orgueil et de la vanité d'un criminel aguerri. Ces écrits ne furent remis aux journaux par le shérif qu'après son décès. En les lisant, j'avais du mal à croire qu'ils provenaient du même homme que j'avais appris à apprécier et à respecter. J'avais connu un individu dont les échanges révélaient une profonde humilité de la gratitude envers Dieu pour son pardon et une certitude d'espoir chrétien en la vie éternelle. La comparaison entre cette autobiographie et l'expérience de l'homme que je connaissais mettait en lumière l'ampleur du changement que le Christ avait opéré dans sa vie.

Voici quelques extraits de l'autobiographie de Franck telle qu'il l'a écrite avant sa conversion :

« Je suis né le 13 avril 1978, dans le comté de Marion. Pendant mes dix premières années, j'étais un bon garçon, avec juste quelques petites infractions, comme défoncer la porte de l'école, voler un peu d'argent dans la caisse de l'endroit où travaillait mon père, dérober un ou deux pistolets chez un voisin, et prendre de l'argent que Vick Hayes avait épargné.

« À partir de mes dix ans, mes petits crimes ont commencé à s'aggraver. Durant les six années suivantes, j'ai volé six voitures, me suis fait attraper deux fois, mais j'ai réussi à me débarrasser des quatre autres.

« Avec le temps, réalisant que voler des voitures n'était pas rentable, je me suis mis à falsifier des chèques, que je vendais ici et là. Certains étaient personnels, d'autres de salaire.

« Rapidement, les choses ont commencé à mal tourner. Partout où je me trouvais, la police était à mes trousses. C'était curieux qu'on me remarque pour ne pas aller à l'école. Finalement, j'ai trouvé un emploi dans le cirque des Cole Brothers, puis j'ai travaillé avec le Wild West Show de George Sweet. J'ai ensuite rejoint le programme d'animaux de Clyde Beatty. J'ai fini par m'en lasser, alors que la loi réalisait que trop de gens étaient dépouillés de leur argent.

« Plus tard, je suis allé à Cleveland et me suis engagé dans l'armée, non pas par envie, mais pour échapper à la loi, bien que le salaire ne fût pas à la hauteur de mes attentes. J'ai été envoyé pour mon entraînement à Fort McClelland, en Alabama.

« Cependant, j'étais manifestement mal adapté à cette vie. J'ai contracté une insolation et ai été hospitalisé. Après avoir été là un mois ou deux, j'ai eu ma première permission de week-end, mais malheureusement, après avoir falsifié plusieurs chèques et été vivement recherché je suis retourné à l'hôpital.

« Les autorités de l'hôpital ont retenu deux tiers de mon salaire pendant six mois parce que j'avais vingt-sept jours de retard sur ma permission. Elles ont décidé de m'envoyer à Fort Dix, dans le New Jersey. J'ai compris qu'il serait difficile de me retrouver sans mes papiers et je me suis échappé à nouveau.

« Après avoir falsifié de nombreux chèques, je me suis retrouvé en prison avec la police militaire à mes trousses. Cette fois, j'ai été transféré à Columbus, dans l'Ohio, où la loi m'a finalement attrapé. J'ai inventé une histoire de malchance, et ils m'ont placé dans un foyer. Quand la police militaire est arrivée, elle m'a trouvé presque en train de sortir par un trou que j'avais creusé sous l'évier. J'ai dû retourner à Fort Hayes.

« Les gens du fort étaient furieux et m'ont puni au blockhaus pour quatorze jours. Ensuite, ils m'ont envoyé dans le Kentucky, à Fort Knox, où ils m'ont affecté à un travail sous la surveillance d'un garde armé. J'y ai travaillé environ deux semaines avant de trouver des lames de scie. Cette nuit-là avec six autres, nous avons scié les barreaux de la fenêtre, mais avons été rattrapés environ trente-six heures plus tard. Les autorités étaient vraiment en colère et, comme mes papiers manquaient et que je n'avais pas de salaire à récupérer, elles ont décidé de me libérer. Quelle douce mélodie à mes oreilles ! C'était en septembre 1998. »

Je retournai à Marion et falsifiai quelques carnets de chèques supplémentaires pour que la police reste sur mes traces. Les forces de l'ordre, très actives à Marion, cherchaient à m'interpeller. Après avoir tiré deux fois avec un pistolet et brisé une fenêtre, je me mis en sécurité chez un ami.

Trente jours plus tard, toujours en falsifiant des chèques, je partis à nouveau. Je volai une voiture et sortis de la ville.

Quelques mois après, je rencontrai ma première femme. Nous avons été ensemble quelques semaines avant de nous marier à Fort Worth, Texas, où je pris son nom à la place du mien. Nous avons vécu ensemble pendant environ deux mois, puis j'en ai eu assez et je suis retourné à Kansas City. Je pense qu'elle y est encore et je ne l'ai jamais revue.

Ensuite, je rencontrais ma seconde femme. C'était une bonne personne qui ne comprenait pas notre besoin de déménager si souvent. J'ai volé de l'argent et nous sommes allés à San Antonio, au Texas, puis quelques semaines plus tard, dans la vallée du Rio Grande. En partant, j'ai emporté tous les meubles du motel, mais quelques kilomètres plus loin, nous avons été arrêtés. J'ai accusé ma femme et réussi à m'en sortir. Nous avons même pu rester une nuit de plus dans le même motel. À ce moment, il ne me restait presque plus rien. Nous n'avions que des fruits à manger depuis une semaine et j'avais besoin de viande, alors je décidai de cambrioler un petit restaurant, repartant ce soir-là avec environ 400 dollars.

Après deux mois de vacances au Mexique, nous avons finalement atterri à Austin, au Texas, avec trente-six cents et deux chiens à nourrir (qui subsistèrent de pamplemousses pendant trente jours). J'obtins un emploi comme chauffeur de camion à bascule, et nous allions plutôt bien. Puis un soir, je cambrai une épicerie, et les choses commencèrent à aller de travers. J'ai falsifié quelques chèques et nous avons pris la direction de Kansas City. (Ma femme tomba enceinte durant notre séjour à Austin.) Je travaillais avec Frank S. mais comme il était également recherché je finis par travailler pour Jake G. livrant de l'alcool de contrebande dans toute la ville, tout en m'occupant des paiements en retard au club démocrate.

Finalement, je me lassai de ces agissements illicites et décidai d'opter pour un emploi honnête. Le bébé devait naître dans quelques mois, et je pensais qu'il était temps de me ranger. Nous nous installâmes chez la famille de ma femme, et je trouvai un poste dans une ferme pour 120 dollars par mois. Après un ou deux mois, je réalisai cependant que je ne me débrouillais pas assez rapidement.

Il était donc temps de falsifier quelques carnets de chèques et de quitter pour l'Iowa, enrichis de 1100 dollars. Je travaillai pour un fermier à Polk City, jusqu'à ce que je sois surpris en train de voler les pneus de sa voiture pour les mettre sur la mienne. La loi me présenta un choix : partir ou aller en prison. Je décidai de partir. J'allai travailler pour un autre fermier dans le comté voisin, mais il ne me payait que 90 dollars par mois pour un travail très difficile. Je décidai alors de quitter cet emploi le jour de la paie, tout en emportant avec moi mon salaire. Quand je partis, ce fut avec un frigo neuf, un ensemble de lit, une table, quatre chaises, trois tapis, un poste de radio, deux cents poulets et un petit cochon.

Ensuite, j'allai travailler pour un fermier nommé Fritz K. qui me payait 135 dollars par mois, mais qui parlait trop. Nous planifiâmes donc de partir un jour pendant qu'il était à la foire. Je pris son camion neuf, trois cannes à pêche, un fusil de chasse, ainsi que deux carnets de chèques de voyage. Je falsifiai aussi quelques chèques à son nom avant de fuir.

Nous traversâmes l'Ohio, l'Indiana et l'Illinois pour revenir au Missouri, ma femme souhaitant que son bébé naisse dans son État. Juste avant d'arriver à Kansas City, je fus arrêté pour excès de vitesse, sachant que la voiture était sous un faux nom, mais il était trop tard pour faire quoi que ce soit. Je fus mis en prison, tandis que ma femme avait une chambre d'hôtel.

La police fit toute la lumière sur l'affaire. Je fus incarcéré à Jefferson City le 6 septembre 2000, avec une peine de sept ans pour falsification.

J'aurais pu obtenir une libération conditionnelle après vingt-sept mois. Ma femme réussit à garder le bébé et à m'obtenir une libération conditionnelle après dix-sept mois passés en prison. Je ne saurai jamais comment elle a fait. J'ai été libéré à Carrolton, mais sous la supervision d'un agent de probation de Kansas City. J'en eusse vite assez de lui, et en laissant ma femme et le bébé chez ses grands-parents, je recommençai à falsifier des chèques. Après en avoir créé onze, je me retrouvai à Marion, dans l'Ohio.

J'y étais depuis douze jours quand la police me surprit dans le bar du Triangle, ivre, tirant au hasard sur les bouteilles derrière le bar. Ils m'arrêtèrent avec sept accusations à mon actif. L'avenir paraissait sombre, alors je me procurai des lames de scie. Je fus attrapé sur le fait, ce qui entraîna une accusation supplémentaire.

Il restait quelques jours avant mon procès lorsque le shérif, Roy Retter, me trouva en train de faire chauffer de l'eau pour la lui jeter à la tête quand il entrerait. Il m'informa qu'il ferait tout pour prolonger mon séjour derrière les barreaux. Ce qu'il fit : trente jours pour port d'arme illégal et quatre-vingt-dix jours pour avoir tenté de m'évader. Je fus renvoyé dans le Missouri pour purger le reste de ma peine. Je divorçai un an plus tard, après la naissance de mon second enfant, et je fus libéré le 12 février 2002.

À cette époque, ma mère travaillait à Enid, en Oklahoma, et je décidai de m'y rendre. J'y passai une semaine avant de décider d'aller à Indianapolis. Je trouvai un emploi à la fabrique de chaudières Holland durant la journée, tandis que le soir, je falsifiais des chèques. J'effectuais aussi deux cambriolages. Les choses commencèrent à basculer, et je me rendis à Fremont le 5 mars 2002. Vous savez ce qui s'est passé ensuite.

Après avoir quitté Fremont, je me dirigeai vers Kansas City. J'y vis mes deux enfants et commis un cambriolage. C'est là que j'enfermai un homme dans un refroidisseur. Je continuai vers Springfield où je rencontrai un ami. Ensemble, nous cambriolâmes un endroit, puis j'allai à Wellington, au Kansas. Je cherchais un ami rencontré en prison dans le Missouri, mais il était incarcéré au pénitencier du Kansas. Je vis alors son frère, nous planifiâmes de cambrioler une banque. J'avais épuisé mes derniers sous pour rassembler tout le matériel nécessaire, mais le jour J, il me laissa tomber.

J'étais à court d'argent, devais payer mon loyer et avais rendez-vous avec une amie le soir même. Je remarquai une boutique d'alcool ouverte et la cambrai. Je me changeai et pris un taxi pour rencontrer ma nouvelle conquête, Phyllis. Son père insista pour que je prenne sa voiture. Nous parcourûmes environ trente kilomètres jusqu'à la ville voisine pour dîner. Phyllis, sa fille de deux ans et moi rentrâmes vers 23 heures. Tout semblait tranquille lorsque nous entrâmes dans la maison. À peine assis, trois agents de police firent irruption. Je réalisai que le père de mon ami du Missouri m'avait dénoncé.

Voilà l'essentiel. Je me suis toujours dit : « Si je m'engage dans quelque chose, que ce soit bon ou mauvais, je persisterai jusqu'au bout. » Je ne me cache pas derrière les autres et j'assume les conséquences de mes actes sans en vouloir à quiconque. Si je disais que j'allais changer de comportement, je manquerais alors à mes promesses envers mes amis. Je ne faillirai jamais à ma parole.

CHAPITRE 3

Franck converti

Cependant, mieux vaut briser un mauvais serment que de le respecter. Plusieurs mois plus tard, après que Jésus-Christ pénétra dans ma vie, je modifiai ma conduite. Suite à cette expérience, j'écrivis une autre brève autobiographie, mais cette fois sans aucun orgueil vis-à-vis de mes crimes. Mon attitude avait alors radicalement changé à l'image du jour et de la nuit ; j'insistais désormais sur ce que Dieu avait fait pour moi en transformant mon cœur et ma vie.

« J'écris cette petite histoire depuis ma cellule sur le couloir de la mort dans le pénitencier de l'État de l'Ohio, attendant l'heure de mourir pour un meurtre que j'ai commis. Avant de poursuivre, je tiens à préciser que je ne sollicite l'aide de personne et n'espère aucune sympathie. J'écris uniquement pour la gloire de Dieu, qui rend tout cela possible.

« Certains diront : "Ça ne m'intéresse pas, je ne finirai jamais là." Mon ami, détrompez-vous. J'avais la même conviction autrefois.

« Ma carrière criminelle n'a pas commencé par un meurtre, bien au contraire. Elle débuta dans ma ville natale lorsque j'étais encore un jeune garçon. J'eus mes premiers problèmes avec la loi vers dix ou onze ans. Ce n'était rien de grave, affirmait-on, cela passerait en grandissant. C'était là ma première erreur.

« Les années ont passé et toutes les opportunités de bien agir se sont évaporées. Je ne perdis pas mes mauvaises habitudes ; au contraire, je devins plus rusé et mes fautes se firent de plus en plus graves. Jusqu'en 1999, aucun de mes crimes n'avait été particulièrement vilain.

« Mon vrai contact avec la loi arriva lorsque je fus reconnu coupable de faux et envoyé au pénitencier de l'État du Missouri, à Jefferson City, pour une peine de sept ans. Cette prison fut ma véritable école du crime.

« Là-bas, j'eus des contacts avec toutes sortes de criminels, prêts à vous initier à ce que certains appellent "la grande vie".

« Bien sûr, il y avait aussi des aumôniers désireux de vous apporter du réconfort moral. Dans cette prison, il y avait trois aumôniers pour trois mille cinq cents détenus. J'avais entendu parler d'eux et de leur Dieu, mais je n'avais jamais mis les pieds dans une église et n'étais pas prêt à le faire.

« Après avoir purgé cinq ans et demi, je fus libéré , jugé bien adapté réformé et sincère, prêt à réintégrer la société. C'était une blague. J'avais réussi tous les tests, mais je n'étais pas prêt à être un membre honorable de la société.

« Je commis mon premier délit deux semaines après ma libération. Je partis pour Indianapolis, dans l'Indiana, mais je dus partir en raison de divers délits dont je serais accusé tôt ou tard. Je m'arrêtais ensuite dans l'Ohio avec quelques dollars en poche et beaucoup de mauvaises idées. J'ai trouvé un emploi honnête, tout semblait bien se passer. J'achetai une voiture et commençai à fréquenter une jeune fille. Tout marchait bien. En moins d'un mois, j'ai trouvé un moyen légitime d'acheter un petit restaurant et une station-service. J'ai quitté mon job, prêt à faire fortune.

« Rapidement, je me suis mis à traîner ici et là jour et nuit. Je côtoyais des gens charmants, mais je perdais le contrôle de mon entreprise. Je commençais à signer des chèques sans provision. C'est là que j'ai fait mon plus grand faux pas. J'achetai un pistolet et décidai d'appliquer ce que j'avais appris en prison. Je commis un cambriolage, et une serveuse fut abattue. Les choses ne se déroulèrent pas du tout comme prévu. Rien ne se passa comme on me l'avait dit. Je dus fuir.

« Après plusieurs cambriolages, je fus arrêté au Kansas et condamné à dix à vingt et un ans dans un pénitencier. C'est là que j'étais lorsque, quelques semaines plus tard, les autorités de l'Ohio me retrouvèrent. Elles me renvoyèrent dans ce même État pour un procès pour meurtre.

« Dans l'attente du procès, je m'échappai de prison, mais après une évasion chaotique impliquant deux voitures volées et sept personnes terrorisées, je fus repris, roué de coups et remis en détention. Puis vint le procès. J'ai dû affronter toutes les âmes innocentes blessées à cause de mes actes. Cela dura huit jours, et je fus condamné à mort le 1er février 2005.

« À ce moment, je me remémorai toutes ces nuits sans sommeil, hantées par la peur, ainsi que ces angoisses où la mort m'avait frôlé sans que je ne sois touché. Pendant mon incarcération, plusieurs prédicateurs et chrétiens me rendirent visite. L'un d'eux m'apporta même une Bible ayant appartenu à son fils de neuf ans. Il me la donna en me faisant promettre de la lire. Après avoir épuisé mes autres lectures, je me mis à la lire pour passer le temps.

« Je découvris un certain Jésus qui envoyait des hommes de son groupe à la recherche d'une mule, et à cause de cela, je pensai qu'il était un voleur. Ensuite, je lus un passage où il transformait de l'eau en vin ; je le considérai comme un contrebandier. Puis je découvris qu'il ressuscitait des morts, guérissait diverses maladies et chassait des démons. Je me mis à me demander quel genre d'homme il pouvait être. Je commençai par le livre de Matthieu et lut l'intégralité du Nouveau Testament. Je découvris qu'il n'était ni voleur ni contrebandier, mais le Fils de Dieu. Je connaissais des gens qui priaient et observaient la loi de Dieu, mais je ne faisais pas partie de ce groupe. J'étais un meurtrier, mais j'avais lu des passages de la Bible qui parlaient aussi des hors-la-loi. Je fus troublé et désirai la paix que ce Dieu pouvait offrir. Mais comment pouvais-je le lui demander ? Peut-il entendre un homme qui n'a jamais entendu parler de lui ?

« À ces questions, ainsi qu'à bien d'autres, je recherchais des réponses. J'essayai donc de prier. Mes prières n'atteignaient jamais plus loin que les murs de ma cellule. Je demandais de l'aide tout en me cramponnant au monde. Après avoir été transféré ici, je reçus des lettres de divers chrétiens. Je les lus toutes et les partageai avec mes voisins de cellule. Il y avait une femme dont la foi m'impressionnait ; je sentais qu'elle avait ce que je cherchais. Je décidai de suivre ses conseils et d'essayer une fois encore. L'aumônier m'encouragea aussi, et je tentai de prier. Pendant trois jours, il n'y eut pas de créature plus malheureuse que moi sur cette terre. Je priais, je pleurais sans relâche. Plus je persévérais, plus ma misère semblait sans fin.

« Le 4 novembre, je tentai à nouveau de joindre le Dieu qui pouvait me donner cette paix que je cherchais. Je tombai à genoux et confessai sincèrement toutes mes fautes. Je priai pour recevoir l'aide de Dieu. Je lui dis que, si j'avais oublié certains de mes péchés, qu'il ait pitié de moi et les ajoute à la liste, car j'étais aussi coupable.

« Permettez-moi de vous dire que je n'ai jamais ressenti une telle joie dans ma vie. Je voulais crier cela au monde entier.

« Oui, je ressentis l'Esprit du Dieu tout-puissant alors qu'il remplissait mon cœur d'amour. Après m'être couché aux premières lueurs du jour, je dormis d'un sommeil que je n'avais jamais connu. Dès le lendemain matin, je remerciai Dieu avant même de m'habiller. Ce jour-là je témoignai devant mes codétenus. Un gardien m'écouta également. Il me dit qu'en lisant mes lettres, il avait réalisé que je cherchais Christ. Je ne savais pas ce qu'il ferait, étant donné que j'avais parlé à mes camarades de mon Seigneur, mais je lui déclarai : « Vous pouvez me mettre en cellule, mais si vous ne voulez pas entendre parler de l'amour de Dieu pour un pécheur, vous devrez me priver de l'air. » Il répondit qu'il aussi aimait mon Sauveur et ne m'empêcherait jamais de parler de lui.

« Mon aumônier me rendit visite, et nous priâmes ensemble : c'était ma première prière partagée ! Je ne me lasse pas de parler de mon amour pour mon Sauveur. Chaque lettre que j'écris est un témoignage à son sujet. Bien que je sois dans une cellule de condamné à mort, je me sens plus libre ici que je ne l'ai jamais été dans les rues. Je n'ai absolument pas peur de la mort. Pour moi, elle n'est qu'un pas de plus vers Jésus.

« L'homme peut avoir mon corps, le brûler ou le déchiqueter, cela m'importe peu. Jésus m'a promis un nouveau corps et prend soin de mon âme. Oui, j'étais un homme de cœur de pierre. Enchevêtré dans le péché j'avais même du sang sur les mains. Dieu a tenu sa promesse, comme il le fera toujours : il a pardonné mes péchés. Le sang de son Fils les a purifiés, et maintenant je suis prêt à rencontrer Dieu. Je suis prêt à prendre la main de Jésus et à me tenir devant ce puissant Juge. Je peux affirmer sincèrement qu'il n'y a aucun péché si noir que le sang de Jésus-Christ ne puisse rendre aussi blanc que la neige.

« Je demande à tout enfant de Dieu qui lit ce témoignage de prier pour que ces mots aident une âme perdue à découvrir la paix intérieure et le réconfort que seul l'amour et la miséricorde de Dieu peuvent apporter.

« Que ceci soit mon témoignage, et que toute la gloire revienne au Tout-Puissant. Ma récompense ne vient pas des hommes, mais de Dieu.

« Par la grâce de Dieu, Franck W. Maxwell. »

CHAPITRE 4

Le pas vers le Christ

Franck commença à s'intéresser aux choses spirituelles grâce à deux membres laïques de l'Église adventiste du septième jour de Fremont, dans l'Ohio. Après avoir lu dans le journal qu'il avait été condamné à mort, ils décidèrent de lui rendre visite.

En se rendant chez le shérif, ils demandèrent la permission de rencontrer Franck en cellule, expliquant qu'ils n'étaient pas des ministres, mais qu'ils ressentaient un profond désir de l'aider. Leur demande fut d'abord refusée, car Franck n'avait pas été le prisonnier le plus coopératif dans le comté de Sandusky. Il avait même réussi à s'évader auparavant, et les autorités n'étaient pas très enclines à permettre à des étrangers, même des religieux, de le visiter. Les gardiens tentèrent de les convaincre que Franck avait déjà reçu un accompagnement spirituel, et qu'un échange avec un ecclésiastique avait suffi.

Les deux hommes, bien que découragés, s'assirent là en espérant et en priant silencieusement pour que Dieu change la décision des agents. Après quelques minutes, le shérif finit par dire : « Après réflexion, je pense qu'il n'y a pas de mal à ce que vous parliez au prisonnier. » Il les accompagna donc jusqu'à la cellule de Franck.

Leur approche n'était pas exactement appropriée pour un prisonnier isolé. Debout derrière les barreaux, ils s'adressèrent à Franck comme s'ils prêchaient à une grande assemblée, insistant sur l'amour de Dieu et son désir de sauver chacun. Leurs mots simples et sincères touchèrent Franck. À la fin de leur « sermon » ils lui proposèrent une Bible. L'un d'eux mentionna qu'il en avait une en trop chez lui et serait ravi de l'apporter à Franck s'il promettait de la lire. Ils l'encouragèrent également à s'inscrire à un cours de Bible par correspondance pour mieux comprendre les Écritures.

Franck trouva ces hommes différents de ce à quoi il s'attendait. Bien qu'ils ne soient pas formés pour témoigner, leur sincérité était évidente et le toucha profondément. Il accepta la Bible et promit de la lire, tout en acceptant de s'inscrire au cours de Bible.

Le lendemain, l'un des hommes revint, mais ne trouva pas la Bible en surplus qu'il avait promise. Son petit garçon venait de recevoir une nouvelle Bible pour son anniversaire, et il proposa d'offrir ce cadeau à Franck. Heureux, Keith Collins retourna à la prison avec la Bible.

Il rencontra des difficultés similaires à celles de la veille. Le shérif, se sentant coupable d'avoir enfreint les règles, était réticent à laisser entrer à nouveau un visiteur. Cependant, après plusieurs délibérations, il permit à Keith d'entrer. En tendant la Bible à Franck, Keith lui expliqua que c'était un cadeau de son fils de neuf ans. Ce geste toucha profondément Franck et le motiva à lire et étudier la Bible pour y trouver du réconfort.

Après cette rencontre, sa vie ne fut plus jamais la même.

Je rencontrai Franck pour la première fois en avril 2005, dans le pénitencier de l'État de l'Ohio où il avait été transféré. Sa date d'exécution, initialement fixée à février, avait été repoussée. J'avais reçu une lettre m'autorisant à lui rendre visite.

Un samedi, après le service religieux, je me précipitai vers la prison. Après avoir montré ma lettre au bureau, je dus attendre qu'ils vérifient mon identité et l'authenticité de la lettre. Finalement, un gardien fut désigné pour m'accompagner à la cellule de Franck et resta présent durant toute la visite.

Je comptai les lourdes portes de métal qui claquaient derrière nous ; il y en avait cinq. Nous traversâmes un bureau où un fonctionnaire devait nous donner un permis spécial pour continuer, et nous fûmes fouillés pour s'assurer que nous ne cachions pas d'armes. Avec seulement ma Bible en main, je suivis le gardien à travers une vaste cour et dans un bâtiment de pierres grises.

Des détenus marchaient dans la cour et près des différents bâtiments. Nous entrâmes dans l'un des bâtiments et traversâmes un couloir rempli de cellules, chacune contenant quatre hommes. Ce bâtiment avait six étages, mais ce n'était pas notre destination. Au bout du couloir, je remarquai une petite armoire métallique avec un gardien en uniforme assis devant. Après avoir présenté nos laissez-passer, le gardien ouvrit la porte de l'« armoire » et nous passâmes.

La porte claqua derrière nous, me laissant une impression terrible d'irrévocabilité. Pendant quelques instants, je me demandai où nous étions. Puis je remarquai un judas au fond, réalisant que c'était une autre porte, surveillée par un gardien. L'« armoire » était en fait un étroit couloir d'acier, avec une porte de chaque côté chacune surveillée par des gardiens. Lorsque le gardien intérieur s'assura que la porte extérieure était bien verrouillée, il ouvrit de son côté nous permettant de passer.

J'entrai dans une grande salle contenant plusieurs cellules le long d'un mur. C'était le quartier le plus sécurisé de la prison, destiné aux condamnés à mort. Tandis que je contemplais les cellules, le gardien me désigna une chaise placée devant l'une d'elles. « C'est pour vous. Asseyez-vous là » me dit-il. Lorsque je pris place, le gardien se posa lui-même sur une chaise à environ trois mètres de moi, feignant de s'endormir mais prêt à écouter attentivement notre conversation.

Devant moi se trouvait la cellule d'un jeune homme frêle, au visage amical et affichant une expression d'espoir. J'étais séparé de lui par deux rangées de barreaux, la plus proche renforcée par un grillage afin qu'aucun objet ne puisse passer au prisonnier.

En regardant dans sa cellule, je réfléchis à la manière de commencer la conversation. Que pouvais-je dire dans une telle situation ? Je commençai probablement maladroitement en disant simplement : « Franck, il est difficile de vous trouver ici et de faire votre connaissance en sachant pourquoi vous êtes ici et ce qui vous attend. »

Il répondit immédiatement : « Pasteur, ne me plaignez pas, je suis l'homme le plus heureux du monde. »

« Pourquoi dites-vous cela, Franck ? » demandai-je.

« Quand j'étais dehors, répondit-il en désignant le monde extérieur d'un geste, je n'avais aucune espérance. Mais depuis que je suis ici, j'ai trouvé Jésus-Christ, mon Sauveur. Maintenant, je réalise que ce qui va m'arriver dans les jours qui viennent n'a pas d'importance ; ce qui compte, c'est ce qui va se passer là-haut. Et j'ai tellement d'espoir pour là-haut. »

Nous fûmes bientôt absorbés dans la discussion sur sa nouvelle joie trouvée dans son amour et son acceptation de Jésus, son Sauveur. Il exprima le désir de me raconter son premier essai de prière. Ayant découvert dans les Écritures qu'il y avait Quelqu'un qui pouvait pardonner les péchés et offrir paix et confiance à ceux qui l'acceptaient, Franck souhaitait demander à Dieu l'aide dont il avait besoin. Il voulait redémarrer sa vie sur de meilleures bases, et il lui était essentiel de réussir à sortir de prison pour vivre ce nouvel idéal.

Sa toute première prière, m'avoua-t-il avec un sourire, ne monta pas plus haut que les murs de la prison, car elle était fondée uniquement sur son expérience et sa connaissance antérieures. Il demanda concrètement à Dieu de lui donner un pistolet pour pouvoir s'échapper de prison et agir correctement une fois dehors. Après avoir partagé cela avec moi, Franck se mit à rire, constatant que nous avons tous tendance à penser qu'avec une dernière chance, nous agirons bien ! Mais aucune arme ne tomba du ciel en réponse à sa prière.

Au fur et à mesure des jours qui suivirent, il comprit que fuguer n'était pas son besoin le plus urgent et qu'échapper à la prison ne résoudrait pas ses réels problèmes. Il réfléchit longuement à ses relations avec Jésus. Finalement, il comprit qu'il devait renoncer à toute pensée d'évasion et se concentrer sur sa réconciliation avec Dieu.

Sa seconde prière eut lieu quelques jours plus tard, au coucher du soleil d'un samedi soir. Il se mit à genoux près de son lit et pria, énumérant ses péchés au fur et à mesure qu'il s'en souvenait. Il se mit à prier dans des termes simples : « Dieu, pardonne-moi pour ce péché et pour celui-ci, et pour celui-là. » Il termina en demandant : « Et Dieu, pardonne-moi pour tous les péchés, car je suis coupable de tous. »

Il rayonnait de joie en me racontant qu'au moment où il se releva, il ressentit comme si un poids immense avait été levé de sa vie. Ce soir-là enfin calme, il s'endormit d'un sommeil doux, celui de ceux qui ont une conscience tranquille. Pour la première fois, il put dormir « comme un enfant » chaque nuit, expérimentant la paix que seul Jésus-

Christ peut offrir, une paix résultant de péchés effacés et de la disparition de toute culpabilité.

CHAPITRE 5

Les paroles transformatrices

Lors de ma première visite, je fus surpris de constater à quel point Franck avait une compréhension approfondie des Écritures. Il avait dévoré la Parole de Dieu avec passion, et le Tout-Puissant avait ouvert son esprit à une compréhension rapide de ses vérités fondamentales.

« Franck, lui dis-je, j'ai dit à notre congrégation ce matin que pendant que nous observions le sabbat ici, vous le gardiez dans votre cellule de condamné à mort. »

« Oui » répondit-il en souriant. En montrant quelque chose suspendu au mur, il ajouta : « Voici mon calendrier des couchers de soleil. Le sabbat a commencé à 18h21 hier soir. Avant cela, ils nettoyaient les cellules. J'ai appelé pour demander qu'on nettoie la mienne avant 18h21, car c'est à ce moment que commence le sabbat, et je voulais être sûr de l'observer comme il se doit. » Ils l'ont donc fait, et j'ai pu observer le sabbat dès le début des heures sacrées.

Franck me raconta combien il avait longtemps souhaité pouvoir assister à au moins un service religieux. Il exprima combien il aurait aimé rencontrer le peuple de Dieu et adorer avec lui. Il évoqua souvent ses rêves sur ce que serait sa rencontre, le sabbat, avec d'autres partageant la même foi. Écoutant des sermons à la radio, il s'imaginait au milieu de l'assemblée. Il attendait avec impatience la grande réunion avec les croyants de Dieu dans le nouveau monde, où nous adorerons ensemble chaque sabbat, conformément aux Écritures.

Ses paroles enthousiastes me firent réaliser combien certains d'entre nous prennent à la légère leur privilège d'adorer ensemble chaque semaine. Il parla du privilège de se rendre à l'église avec tant de vénération et de désir, suscitant en moi l'envie que chaque membre de l'église puisse entendre ce jeune homme décrire avec tant de passion ce que participer aux cultes signifierait pour lui. Il avait souvent pensé à demander l'autorisation d'assister à un service protestant en prison, mais sachant que cette faveur aurait été difficile à obtenir pour un condamné à mort, il avait choisi de ne pas faire cette demande.

Il aborda également le fait qu'il n'avait jamais été baptisé par immersion. Il avait demandé le baptême, mais il n'y avait pas de facilités pour cela dans le quartier des condamnés à mort. Un aumônier protestant lui avait proposé de le baptiser sur place. Face à la remarque incrédule de Franck, qui se demandait comment cela pouvait se faire, l'aumônier répondit qu'il déverserait simplement quelques gouttes d'eau sur sa tête. Franck lui avait expliqué que, selon ses croyances, cela n'était pas suffisant pour constituer un baptême. Cependant, désireux d'accepter pleinement le Seigneur Jésus-Christ, il finit par accepter que l'aumônier le baptise. Mais cette expérience ne lui apporta aucune satisfaction, et il dut admettre qu'il ne se sentait pas véritablement baptisé. Il se demanda si Dieu n'avait pas un plan pour que des personnes comme lui, qui ne pouvaient être baptisées, puissent tout de même être sauvées dans le royaume des cieux.

Ce fut un privilège pour moi de lui donner l'assurance que Dieu avait un tel plan. Je lui expliquai comment Jésus-Christ avait été baptisé non pas pour le pardon de ses péchés, étant sans péché mais pour deux raisons importantes : (1) il établit un exemple pour nous tous, et (2) son baptême couvrait les péchés de ceux qui, par la suite, ne pouvaient pas en bénéficier. Le brigand crucifié à côté du Sauveur exprima sa foi en Jésus sans avoir pu être baptisé et pourtant Jésus lui assura qu'il y avait une place pour lui dans son royaume. Je dis à Franck que c'était l'unique fois dans les Évangiles qu'un salut était promis à quelqu'un qui n'avait pas été baptisé. Je lui exposai ma conviction que cette seule expérience avait été rapportée pour éviter que quiconque ne suppose trop des bontés de notre Seigneur, tout en rassurant les désespérés.

Ces paroles semblèrent profondément apaiser Franck. Lors de notre dernière discussion, il exprima qu'il dépendait non seulement de la mort du Christ sur la croix pour ses péchés, mais qu'il comptait également sur le baptême de Jésus pour compenser le sien. Néanmoins, il croyait fermement que si, par la grâce de Dieu, il était un jour libéré il devrait se présenter pour le baptême. Quatre jours avant son exécution, il m'écrivit pour partager ces pensées et exprimer son souhait de se rendre dans l'une de nos églises pour que je le baptise.

Au cours de notre première rencontre, Franck me confia qu'il était résigné à accepter l'avenir, quel qu'il soit. Il avoua que, bien qu'il aimerait vivre, il se savait accroché à la vie. Il exprima un souhait fervent de devenir ministre, en mettant sa vie et ses efforts au service du bien plutôt que du mal. Pour des raisons personnelles, il espérait que sa vie serait prolongée un peu plus. Il ajouta : « Je désire tant que ma mère puisse découvrir Jésus-Christ et tout ce qu'il représente pour moi. Elle n'a jamais eu l'opportunité de découvrir ces vérités qui ont transformé ma vie. J'aimerais vivre pour l'aider aussi à devenir chrétienne. »

« Franck, proposai-je, prions à ce sujet. Vous allez lui écrire pour partager votre espoir de sa conversion, et je ferai de même de ma part. Si nous pouvions l'inscrire au même cours de Bible qui a radicalement changé votre vie, cela pourrait porter ses fruits. »

En rentrant, j'écrivis à sa mère et reçus une réponse bienveillante. Je réalisai que Franck lui écrivait souvent. Plus tard, il m'annonça avec joie que sa mère et son beau-père étudiaient la Bible trois fois par semaine avec un laïque adventiste dévoué. Cela fut un immense encouragement pour lui.

Avant la fin de notre première rencontre, Franck et moi priâmes ensemble. La présence de Dieu semblait palpable alors que nous renouvelions notre engagement envers Jésus-Christ.

Au moment de mon départ, il me demanda : « Pourriez-vous parler à Earle pendant que vous êtes ici ? » Il me montra une cellule, à trois portes de la sienne, où se trouvait un autre jeune homme condamné à mort. Influencé par Franck, Earle s'était inscrit au cours de Bible, mais il ne nous avait pas dit qu'il était également sous le coup d'une peine capitale. J'interrogeai le gardien sur la possibilité de parler à Earle, et sa réponse fut positive. Nos échanges révélèrent qu'il semblait également vivre une expérience chrétienne joyeuse. Earle mentionna que lui et Franck passaient de nombreuses heures à discuter de Dieu et à partager leur apprentissage du cours biblique ensemble.

Dans l'une de ses lettres, Franck écrivit : « Nous sommes quatre condamnés à mort en ce moment, mais je suis heureux de dire que trois d'entre nous ont accepté Jésus-Christ. S'il vous plaît, priez pour que nous puissions atteindre le quatrième avant qu'il ne soit trop tard. » Par la suite, je découvris que « trop tard » avait une signification particulière dans le quartier des condamnés à mort. J'avais rencontré Earle pour la première fois en avril, mais lorsque je revins plusieurs mois plus tard, il n'était plus là exécuté en juillet. Cependant, j'appris qu'il avait passé ses dernières heures en compagnie d'un laïque chrétien particulièrement soucieux des prisonniers, qui les aidait à se rapprocher de Dieu. Franck me rassura en disant qu'Earle était mort dans la foi, confiant en la résurrection, décrivant leurs adieux comme accrochant l'espoir.

Je dois avouer qu'en quittant Franck, je ressentis un sentiment d'échec en tant que ministre. Mon objectif était de le remonter le moral et de lui offrir un soutien spirituel, mais je réalisai, avec du recul, qu'il m'avait apporté davantage qu'il ne l'avait reçu de moi. Dans le quartier des condamnés à mort, je ressentis la présence de Jésus dans la vie transformée de ce criminel.

Peu après mon retour, j'écrivis à Franck pour lui faire part de la joie que j'avais éprouvée à le rencontrer et à discuter avec lui. Voici sa réponse:

« Columbus, Ohio, le 22 avril 2005.

Cher pasteur Falagi,

J'ai bien reçu votre lettre et j'ai été très heureux d'avoir de vos nouvelles. Je prie pour que ces quelques mots vous trouvent, ainsi que votre famille, en bonne santé et heureux grâce au tendre amour et à la bonté de Jésus.

Un autre merveilleux sabbat vient de se terminer, et combien de bénédictions il m'a apportée ! J'ai l'impression que notre Père céleste a quitté son trône pour passer la journée avec moi. Certes, nous savons que son Esprit aimant est toujours présent, mais jamais aussi près que lorsqu'un croyant se repose comme Dieu s'est reposé. Vous dites que vous êtes heureux de me trouver en paix dans notre bien-aimé Seigneur. Pasteur Falagi, cela va peut-être vous sembler étrange, mais c'est pourtant la vérité. Je suis plus heureux ici que je ne l'ai jamais été dans la rue, et je suis immensément reconnaissant à Dieu de m'avoir guidé. Il n'y avait pas d'autre moyen de me faire réfléchir, voilà pourquoi je suis ici.

Moïse a été conduit dans le désert avant d'être appelé au service de Dieu. L'apôtre Paul était tellement éloigné du Seigneur qu'il fut terrassé et rendu aveugle sur le chemin de Damas. Eh bien, Franck avait lui aussi besoin d'une forte leçon. Mon cas peut sembler très différent, mais en réalité il ne l'est pas tant que ça. Nous avons tous le même Dieu, nous avons tous besoin de pardon, et nous respectons notre Dieu, nous prions, en attendant le jour où nous passerons l'éternité ensemble.

Oui, Jésus revient bientôt, venant de l'orient dans toute sa gloire. Franck veut être prêt pour ce jour-là. Que je sois vivant ou que je repose dans la tombe, je souhaite être prêt. Ce monde n'a plus rien d'attrayant à mes yeux. Je veux aller à la maison du Père, et j'espère y retrouver beaucoup de personnes partageant notre foi.

En conclusion, je vous remercie encore pour votre visite. J'ai vraiment apprécié cet échange avec mon pasteur. Si je suis réellement sincèrement bon, le Seigneur m'accordera peut-être encore cette joie. Dites à tous mes amis du cours de Bible

« La Voix de l'Espérance » que je pense à eux chaque jour. Que Dieu vous bénisse, pasteur, et vous garde en sécurité dans son amour et sa protection, c'est ma humble prière.

Par la grâce de Dieu, Franck. »

Le mot « grâce » signifie « faveur imméritée ». Franck comprenait cela et aimait y penser, car il signait toujours ses lettres par « Par la grâce de Dieu, Franck. »

Chapitre **6**

Miracles : des signes

Franck repose désormais dans sa tombe, attendant l'appel du Christ qu'il a servi. Six dates avaient été fixées pour son exécution, mais cinq furent repoussées. Ceux qui le connaissaient espéraient que la sixième serait également reportée. Nous avions même rêvé qu'il puisse servir Jésus-Christ en prison à vie, voire être libéré un jour pour consacrer sa vie à la cause du Seigneur. Bien que Franck partageât cet espoir, il acceptait que sa vie fût entre les mains de Dieu et était prêt à accepter tout ce qui arriverait.

La première date pour son exécution était le 15 février 2005. S'il était mort ce jour-là, je n'aurais pas eu le privilège de le connaître, car notre premier contact a eu lieu plus tard. La date suivante était le 15 mai. En avril, lors de ma première visite, Franck m'avait demandé s'il pouvait m'appeler son pasteur, n'en ayant jamais eu. Il craignait que je refuse à cause de sa situation, mais j'étais honoré par sa demande. Il me demanda également d'être avec lui le 15 mai, jour prévu pour sa mort. Je me suis interrogé sur ma capacité à faire face à une telle situation, mais après réflexion, j'ai accepté.

Quelques semaines plus tard, Franck me dit qu'il sentait que Dieu avait encore des plans pour lui. Il m'écrivit pour me remercier de mon soutien, tout en affirmant que sa date d'exécution serait reportée. Bien que cette conviction m'inquiétât, deux jours avant le 15 mai, un télégramme confirma que l'exécution était différée. Franck avait raison. Ce scénario s'est répété plusieurs fois durant l'été et l'automne, chaque date étant repoussée à la dernière minute.

En octobre, Franck était ravi car sa mère lui avait rendu visite. Elle et son beau-père avaient trouvé la foi et parlaient avec enthousiasme de Jésus et de son retour. Franck était émerveillé par le changement opéré en eux grâce à ces enseignements.

À chaque nouvelle date, j'étais prêt à être auprès de Franck, mais elle était toujours reportée.

Franck semblait convaincu que Dieu lui donnait du temps pour œuvrer pour d'autres. Finalement, la date du 26 novembre approcha sans report annoncé. Je téléphonai au directeur de la prison, qui me dit que le gouverneur se prononcerait le lendemain matin. Sans nouvelles avant mon départ, je pris un vol pour Columbus où il neigeait, reflétant mon humeur. Le directeur m'informa alors que l'exécution aurait bien lieu ce soir-là. J'avais la permission de passer les trois dernières heures de Franck avec lui.

Dans ma chambre d'hôtel, je passai du temps à lire la Bible et à choisir des passages pour encourager Franck. En route vers la prison, les gros titres des journaux annonçaient son exécution, ce qui contrastait avec la foi profonde de Franck. J'arrivai à la prison et fus conduit à la salle où Franck prenait son dernier repas avec un autre détenu. Pour la première fois, nous nous serrâmes la main et nous assîmes ensemble.

Chapitre 7

Le compte à rebours

La table était décorée comme pour une fête, chacun ayant tenté de rendre l'atmosphère joyeuse. Je voulais me joindre au repas, mais l'endroit m'enleva l'appétit. Trouvant une excuse, je m'assis simplement à la table pour discuter. Je ne mangeai que de la glace en dessert. Mes efforts pour alléger l'atmosphère échouèrent. Pourtant, Franck mangea bien et fit tout pour nous mettre à l'aise.

Il n'exprimait aucune crainte, parlant calmement et de manière encourageante. Franck et son ami, dont la conversation était légère, semblaient bien se connaître. Aucun mot n'évoqua la raison de cette réunion ou sa fin terrible. Après le repas, l'ami de Franck partit, ne voulant pas être indiscret. Ses paroles en partant étaient touchantes : « Je me demande si je rencontrerai un jour quelqu'un comme toi. » Il remercia Franck pour leur amitié spirituelle. Ils se séparèrent sans émotion apparente, comme s'ils allaient se revoir bientôt.

Franck et moi discutâmes longuement de sujets spirituels. Il expliqua son attitude envers ce qui allait arriver ce soir-là : « Je vais m'endormir comme toutes les autres nuits. Personne ne devrait me plaindre. Mon travail est fini, tout est réglé entre Dieu et moi. Mes péchés sont effacés. Mon sommeil sera bref, et la prochaine voix que j'entendrai sera celle de Jésus-Christ. Vous me plaignez ? C'est moi qui devrais vous plaindre, car vous devez rester ici pour combattre le bon combat de la foi. »

Franck pensait aux autres, pas à lui-même. Il parla de sa femme divorcée et de ses enfants. Heureux que sa femme ait trouvé un bon mari, il exprima de l'affection pour sa famille. Je voulais lui lire 2 Timothée 4:7-8, mais il cita le passage avant moi : « J'ai combattu le bon combat, j'ai achevé la course, j'ai gardé la foi. Désormais la couronne de justice m'est réservée. » Il ajouta : « Les premières vingt-six années n'étaient pas si bonnes, mais cette dernière année avec Jésus a été merveilleuse. » Derrière les barreaux, il avait trouvé une vie mémorable et magnifique.

L'aumônier protestant raconta avoir trouvé Franck, Bible en main, déclarant : « Aumônier, c'est un endroit glorieux ! » Franck avait trouvé Jésus-Christ en prison. Les hommes ne peuvent porter de tenues élégantes pour leur exécution. Franck portait une simple chemise blanche, des pantalons de prison, des chaussures et des chaussettes. Dans sa poche, un Nouveau Testament qu'il me donna avant de mourir. Nous lûmes des passages des Écritures, précieux pour lui.

Franck aimait particulièrement 1 Jean 5:14 : « selon sa volonté ». Il disait : « Tout ce qui est selon sa volonté est bon pour moi. » Depuis qu'il avait trouvé Jésus, il avait étudié les Écritures cinq heures par jour, consacrant environ deux mille heures. Il connaissait bien les enseignements de la Bible, transformant sa vie en un an.

À 19h25, Franck proposa de prier. Nous étions trois, l'aumônier, Franck et moi. L'aumônier commença, puis Franck pria : « Père, ma vie est entre tes mains. Que ta volonté soit faite. Tu ne te trompes jamais. Amen. » Franck ajouta ensuite : « Seigneur, n'impute pas à ces gardes ce qu'ils vont faire ce soir. Pardonne leurs péchés comme tu as pardonné les miens. Amen. » C'était l'amour et le pardon de Jésus-Christ en lui.

À 20h, Franck laissa ses lunettes sur la table. Nous entrâmes dans la salle d'exécution. Dix-sept hommes nous observaient. Franck s'assit sur la chaise électrique. L'aumônier protestant commença à lire le psaume 23. Les gardes attachèrent les électrodes à la tête et à la jambe de Franck, puis ils se retirèrent. Le directeur donna le signal, et le courant passa. Franck ne poussa pas de cri, inconscient dès le premier choc. Après plusieurs minutes, le médecin déclara la mort de Franck à 20h12. Les portes furent ouvertes, et tous sortirent rapidement.

Je retournai dans la salle d'exécution pour voir Franck une dernière fois. Il semblait simplement endormi. Je me souvins de ses derniers mots : « Pasteur, je vous chercherai là-haut. » Je répondis : « Je sais que vous y serez, et par la grâce de Dieu, j'y serai aussi. » Franck conclut : « Au revoir, alors. Je vous verrai ce matin-là. »

Avant de quitter la prison, l'aumônier protestant me présenta au directeur. En discutant avec lui, je compris que même après de nombreuses exécutions, celle-ci avait été la plus pénible. En quittant la prison, je marchai dans les rues enneigées de Columbus. De retour à l'hôtel, incapable de dormir, je priai et lus toute la nuit.

Je me rappelai les mots de Franck : « Ne vous lassez pas, ne vous découragez pas. Il y en a tant comme moi qui ont besoin de l'Évangile. »

Debout devant le visage paisible de Franck, je priai pour que son témoignage attire d'autres à Jésus-Christ. Je me promis de continuer à répandre le message de Jésus-Christ, espérant trouver d'autres Franck dans le monde.

Certains peuvent conclure que la vie de Franck s'est terminée justement. Mais je sais qu'il est mort triomphant, attendant la vie éternelle par Jésus-Christ. Son témoignage de conversion restera longtemps, attirant des hommes et des femmes à notre Sauveur bien-aimé.

CHAPITRE **8**

La foi qui sauve

Quelle force peut inciter un homme, qui reconnaît avoir vécu toute sa vie dans le mal, à changer complètement d'attitude ? Quels motifs peuvent l'amener à réviser son comportement et sa vision de la vie ?

Un tel changement nécessite bien plus qu'une simple volonté de bien faire. Beaucoup ont tenté cela en prenant de bonnes résolutions chaque 1er janvier, mais les ont rapidement oubliées. Lorsqu'un homme essaie de se réformer par ses propres moyens, l'expérience montre que le résultat est souvent temporaire.

La transformation de caractère de Franck a été le fruit d'une expérience miraculeuse, observée par les chrétiens en eux-mêmes et chez d'autres depuis des siècles. Les chrétiens appellent cela "la nouvelle naissance". Jésus a utilisé cette expression pour la première fois en parlant avec un chef juif nommé Nicodème.

Bien que Nicodème ait été un homme honnête et un leader spirituel, il n'était pas préparé à la franchise de Jésus. Le Christ a abordé directement la question en déclarant : "Si un homme ne naît de nouveau, il ne peut voir le royaume de Dieu." Incapable d'accepter immédiatement ce besoin spirituel et les changements radicaux qu'implique la conversion, Nicodème a quitté Jésus triste mais n'a jamais oublié son appel. Au fil des ans, sa vie s'est transformée jusqu'à ce qu'il soit effectivement né de nouveau. À la mort de Jésus, il est devenu un disciple ouvertement, consacrant toute sa fortune pour soutenir l'Église naissante.

La transformation de Franck a témoigné de la réalité de son expérience spirituelle. Ses nouvelles perspectives et objectifs indiquent que la conversion est aussi réelle aujourd'hui qu'elle l'a toujours été. La Bible déclare que cette nouvelle naissance spirituelle est nécessaire pour que tout homme soit sauvé et entre dans le royaume de Dieu. Par cette expérience chrétienne dynamique, Franck est devenu complètement différent de ce qu'il était auparavant. Il était désormais animé par des désirs, des affections, des ambitions et des objectifs nouveaux. Comme tout homme converti, il était une nouvelle création, concrétisant littéralement l'affirmation biblique : "Si quelqu'un est en Christ, il est une nouvelle créature. Les choses anciennes sont passées ; voici, toutes choses sont devenues nouvelles." (2 Corinthiens 5:17).

La conversion a souvent été décrite comme un demi-tour sur le chemin de la vie. De nombreux exemples dans l'histoire montrent des vies radicalement changées par le pouvoir du Seigneur Jésus-Christ, comme en témoignent plusieurs récits bibliques.

Par exemple, le geôlier de Philippes, terrifié par la puissance de Dieu libérant les prisonniers, a demandé à Paul : "Que faut-il que je fasse pour être sauvé ?" La réponse simple de Paul et Silas : "Crois au Seigneur Jésus, et tu seras sauvé." (Actes 16:30,31). Le geôlier a cru et a été baptisé immédiatement. Sa conversion s'est manifestée par son souci des besoins physiques de ses prisonniers, signe extérieur de son changement intérieur. Paul a reconnu ces signes car il avait lui-même vécu cette transformation sur la route de Damas.

La question du geôlier : "Que faut-il que je fasse pour être sauvé ?" est toujours posée aujourd'hui. Beaucoup pensent que le salut dépend des œuvres, mais les Écritures enseignent que croire au Seigneur Jésus est essentiel pour être sauvé. Le salut est un don gratuit de Jésus-Christ à ceux qui l'acceptent comme Sauveur.

Il est crucial de comprendre que l'on n'a pas besoin de changer de comportement avant d'accepter Jésus. La transformation de vie est impossible par nos propres forces. Comme Franck, qui a souvent essayé sans succès, nous devons venir à Christ tels que nous sommes et le laisser accomplir cette transformation.

La conversion implique la repentance et la foi. La repentance, un regret sincère de nos péchés, est essentielle avant la conversion. Jésus a dit : "Si vous ne vous repentez, vous périrez." (Luc 13:3). La repentance consiste à reconnaître notre état réel et à ressentir un profond besoin de l'aide divine.

La foi est un engagement envers Jésus-Christ, croyant qu'il a payé le prix de nos péchés sur la croix. La foi qui sauve mène au salut, étant une confiance totale en Jésus comme Sauveur et Rédempteur.

La conversion commence lorsqu'une personne reconnaît son incapacité à se changer par elle-même et va à Jésus par la foi. Il accomplit alors la transformation miraculeuse. Cette vérité reste valable : "Si quelqu'un est en Christ, il est une nouvelle créature." (2 Corinthiens 5:17). La conversion requiert une rencontre personnelle avec Jésus-Christ, seul capable de changer les cœurs de manière permanente.

Chapitre 9

Comment vivre une vie chrétienne

Comment devient-on une nouvelle créature en Christ ?

Comment Franck aspire-t-il à cette expérience ?

Tout d'abord, Franck a reconnu son propre vide et a désiré une vie différente. Il a ressenti des remords sincères pour ses péchés et a voulu s'en débarrasser pour toujours. C'est ainsi que commence toute vie chrétienne. Une personne prend conscience de son insuffisance et se sent profondément insatisfaite de ses échecs passés. Réalisant qu'il doit exister une Puissance supérieure capable de l'aider à mener une vie droite, elle demande de l'aide divine avec une foi simple. Quand un homme agit ainsi, Dieu est toujours présent pour accomplir le miracle de la conversion dans sa vie. Il découvre alors qu'il est transformé.

Il n'est pas simple d'expliquer les étapes successives de la vie chrétienne, car l'Esprit de Dieu ne guide pas tous les hommes exactement de la même manière. Cependant, le résultat dans une vie convertie et changée est toujours le même. La conversion présente certaines similitudes chez chaque individu. Énumérons quelques éléments d'une véritable conversion :

1. Vous reconnaîtrez que Jésus est mort sur la croix pour vous et pour vos péchés. Puisque la conversion n'est pas possible sans le Seigneur Jésus-Christ, un converti voudra profondément connaître le Sauveur qui est mort pour lui. « Car Dieu a tant aimé le monde qu'il a donné son Fils unique, afin que quiconque croit en lui ne périsse point, mais qu'il ait la vie éternelle. » (Jean 3:16.) Vous accepterez ce que le Christ a fait pour vous

au Calvaire et vous le recevrez dans votre cœur comme votre Seigneur et Sauveur. C'est une application personnelle des événements du Calvaire à votre propre vie. Vous ressentirez alors la certitude que « Jésus est mort pour vous ». « Mais à tous ceux qui l'ont reçue, à ceux qui croient en son nom, elle a donné le pouvoir de devenir enfants de Dieu, lesquels sont nés, non du sang, ni de la volonté de la chair, ni de la volonté de l'homme, mais de Dieu. » (Jean 1:12, 13.)

2. Vous regretterez sincèrement tous vos péchés passés et vous vous en repentirez, en vous détournant de vos péchés si vous souhaitez mener une vie chrétienne véritable. Aux croyants du Nouveau Testament demandant : « Que ferons-nous ? » l'apôtre Pierre répondit : « Repentez-vous, et que chacun de vous soit baptisé au nom de Jésus-Christ, pour le pardon de vos péchés. » (Actes 2:37, 38.)

3. Vous devez dire aux autres que vous avez donné votre vie au Christ et qu'avec sa force vous essayez de mener une vie chrétienne. Jésus a

déclaré : « Quiconque me confessera devant les hommes, je le confesserai aussi devant mon Père qui est dans les cieux. » (Matthieu 10:32.) Saint Paul a écrit : « Si tu confesses de la bouche le Seigneur Jésus, et si tu crois dans ton cœur que Dieu l'a ressuscité des morts, tu seras sauvé. Car c'est en croyant du cœur qu'on parvient à la justice, et c'est en confessant de la bouche qu'on parvient au salut. » (Romains 10 :9, 10.) Partager votre nouvelle foi en Jésus avec les autres vous donnera la force de mener une vie chrétienne. Ce témoignage personnel est le résultat naturel et nécessaire d'une véritable conversion. Quiconque a sincèrement trouvé le Christ ne peut garder le silence sur sa découverte. Franck a témoigné de sa foi devant tous ceux à qui il pouvait parler dans le quartier des condamnés à mort.

Avez-vous suivi ce chemin ? Vous voyez-vous comme un pécheur ayant besoin de salut en Christ ? Reconnaissez-vous ce que Jésus a fait pour vous au Calvaire ? Voulez-vous le recevoir comme votre Sauveur personnel en vous repentant de vos péchés ? Confesserez-vous devant les autres que vous vous efforcez de mener une vie chrétienne pour lui ?

Franck Maxwell ne s'est pas converti lors d'une grande réunion religieuse avec des centaines d'autres personnes se joignant à lui pour s'avancer vers le pasteur adressant un appel. En fait, il n'avait jamais assisté à une réunion religieuse et n'avait aucune idée de ce qu'était un service religieux ou une réunion évangélique. Franck a trouvé Jésus-Christ, son Sauveur, dans une cellule solitaire en lisant les Saintes Écritures et d'autres écrits religieux.

La vérité est que n'importe qui peut accepter le Christ comme Sauveur, où qu'il soit. Vous n'avez pas besoin d'attendre de pouvoir assister à un service religieux grandiose où chaque personne de l'audience est invitée à accepter Jésus comme Sauveur personnel. Il peut devenir votre Sauveur dans l'intimité de votre foyer ou de votre bureau, comme il l'est devenu pour Franck dans l'intimité de sa cellule. Vous pouvez l'accepter à l'instant même en lisant ces mots. Les conditions extérieures n'ont aucun effet sur votre réconciliation avec Dieu. Vous n'avez pas besoin d'être dans une église ou dans une grande réunion publique où d'autres prient pour vous. Donner votre cœur à Jésus est une affaire personnelle que vous pouvez régler où que vous soyez. Vous pouvez le faire à l'instant même si vous le désirez.

Vous vous demandez comment ? Vos paroles et votre méthode importent peu. La seule chose qui compte, c'est la sincérité de vos sentiments.

Permettez-moi de suggérer une prière simple : « Dieu tout-puissant, pardonne tous mes péchés, car je les regrette sincèrement. J'accepte Jésus comme mon Sauveur et je fais de lui le Seigneur de ma vie. À partir de maintenant, je veux vivre pour lui. Aide-moi à le faire, car je le demande au nom de Jésus. Amen. » Dieu entendra une telle prière et y répondra toujours. Si vous la prononcez avec foi, ayez confiance qu'il vous a entendu et que le ciel entier se réjouit maintenant de la repentance d'un autre pécheur. Vous êtes à présent un enfant de Dieu.

Maintenant que vous avez donné votre vie au Christ, ayez l'assurance que Dieu vous a pardonné tous vos péchés, même les pires, ceux dont le souvenir vous apporte remords et peine. Ils sont complètement pardonnés. À l'instant même, vous êtes lavé, et la page représentant votre vie est propre et blanche dans le livre des cieux. Ne doutez jamais de cela, mais souvenez-vous de cette promesse : « Si nous confessons nos péchés, il est fidèle et juste pour nous les pardonner et nous purifier de toute iniquité. » (1 Jean 1 :9.) Si vous avez confessé, Jésus a pardonné, et il ne retiendra plus ces fautes contre vous. Vos péchés sont effacés pour toujours. Croyez-le car il l'a promis et il tient toujours ses promesses.

Vous êtes maintenant chrétien. Vous êtes devenu un enfant de Dieu. Vous avez été adopté dans la famille céleste. « Dieu a envoyé son Fils afin que nous recevions l'adoption. » (Galates 4 :5.) En tant que fils adoptif, vous êtes maintenant héritier avec Jésus-Christ de toutes les gloires du ciel. Vous avez maintenant une espérance, comme

Franck. Vous pouvez attendre une demeure dans le royaume de Dieu, où vous jouirez d'une vie éternelle et joyeuse avec Jésus et les rachetés.

Bien sûr, il y aura des moments où Satan vous tentera et essaiera de vous faire tomber. Parfois, il réussira, mais cela ne doit pas vous décourager. Souvenez-vous de la promesse : « Aucune tentation ne vous est survenue qui n'ait été humaine, et Dieu, qui est fidèle, ne permettra pas que vous soyez tentés au-delà de vos forces ; mais avec la tentation, il préparera aussi le moyen d'en sortir, afin que vous puissiez la supporter. » (1 Corinthiens 10 :13.) Quand Satan vous tente, cherchez toujours le moyen d'échapper. Vous découvrirez que Dieu tient toujours ses promesses et que vous pourrez surmonter le mal.

La Bible n'enseigne pas qu'un chrétien cesse de lutter contre le mal. Cette lutte continuera jusqu'à ce que nous soyons rachetés dans le royaume de Dieu. Mais la Bible enseigne que les chrétiens auront une force divine pour échapper à la domination du péché.

Si vous tombez dans le péché, demandez immédiatement à Dieu de vous pardonner, puis reprenez courage et continuez votre chemin vers son royaume. Il vous donnera la grâce de vaincre le mal et le pouvoir de surmonter les péchés que vous pensiez ne jamais pouvoir vaincre. De cette façon, votre vie chrétienne sera continuellement consacrée à louer Dieu pour les victoires qu'il vous aide à remporter.

J'ai toujours pensé que Dieu m'avait permis de rencontrer Franck Maxwell dans un but précis. J'aime à penser que ce but était de lui apporter la joie et la paix de l'acceptation du Christ dans les derniers mois de sa vie. Mais j'ai aussi senti que ce but était de partager son histoire avec d'autres, leur assurant que ce que Dieu a fait pour Franck, il peut aussi le faire pour eux. La vérité est que si Dieu peut si glorieusement racheter la vie d'un meurtrier, il peut racheter celle de n'importe qui, y compris la vôtre.

Le laisserez-vous accomplir cette œuvre pour vous ?

More Books!

yes **I want** morebooks!

Buy your books fast and straightforward online - at one of world's fastest growing online book stores! Environmentally sound due to Print-on-Demand technologies.

Buy your books online at
www.morebooks.shop

Achetez vos livres en ligne, vite et bien, sur l'une des librairies en ligne les plus performantes au monde!
En protégeant nos ressources et notre environnement grâce à l'impression à la demande.

La librairie en ligne pour acheter plus vite
www.morebooks.shop

info@omniscriptum.com
www.omniscriptum.com

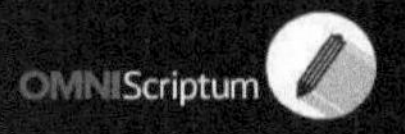
OMNIScriptum

FSC
www.fsc.org

MIX
Papier aus verantwortungsvollen Quellen
Paper from responsible sources
FSC® C105338

Printed by Books on Demand GmbH, Norderstedt / Germany